사랑

몹시 아끼고 좋아하는 마음.
사람뿐만이 아니라, 동물, 식물, 물건, 생각도 사랑할 수 있다.
사랑하면, 사랑하는 대상 때문에 큰 기쁨을 느끼게 되고,
사랑하는 대상이 행복해지도록 도와주고
힘써 주게 된다.

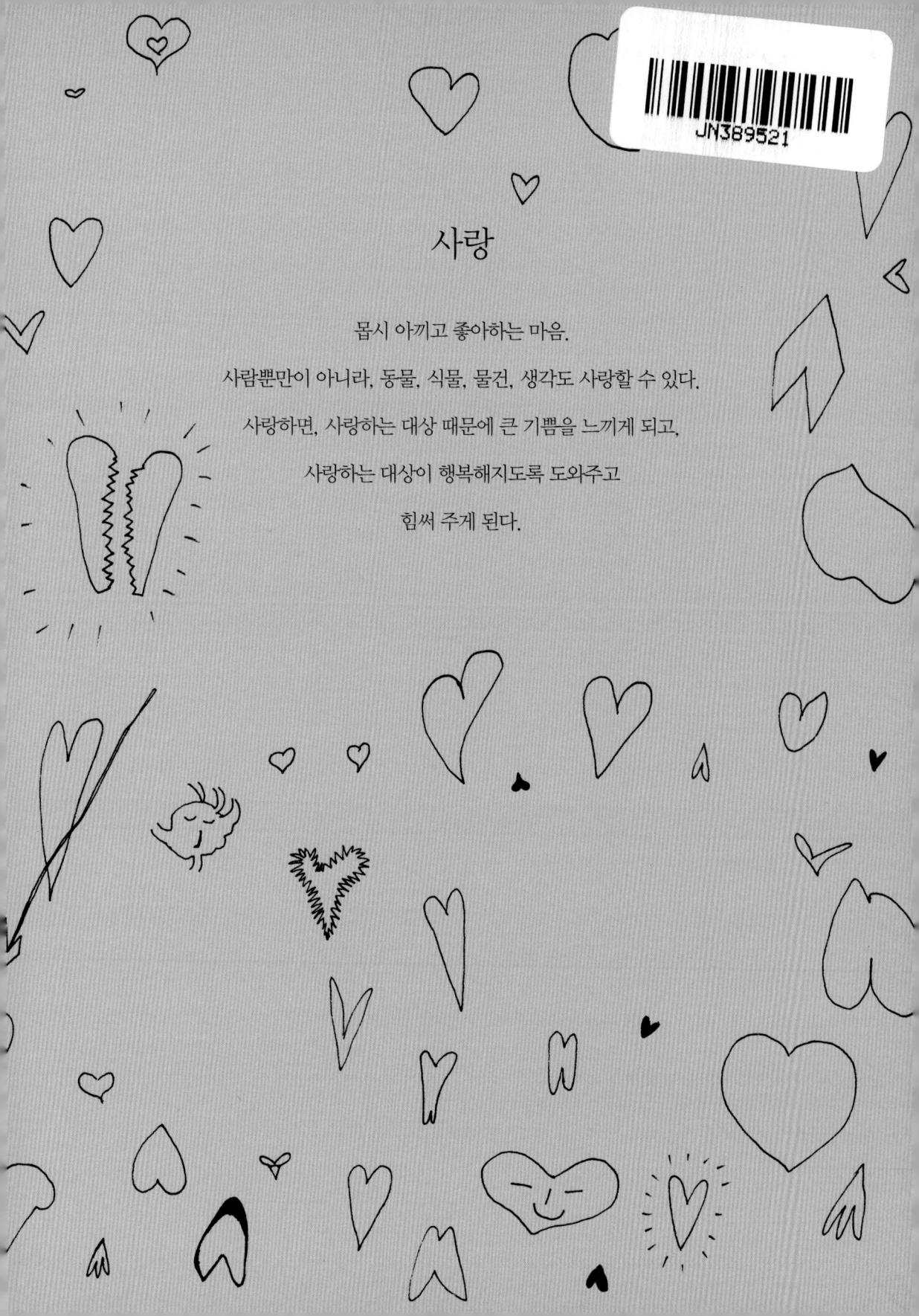

지은이 **페르닐라 스탈펠트**

1962년 스웨덴의 외레브로라는 곳에서 태어났어요. 대학에서 문화학과 예술학을 공부한 뒤에 박물관에서 어린이들에게 현대미술을 가르치는 일을 했습니다.

1997년부터 그림책 작가로 활동하면서 《죽으면 어떻게 돼요?》《세상으로 나온 똥》《두들겨패줄 거야》 등 많은 그림책을 쓰고 그려서, 엘사 베스코브상 등의 어린이문학상을 받았어요. 특히 모든 작품에는, 동화책 《삐삐 롱스타킹》을 쓴 작가, 아스트리드 린드그렌 재단이 수여하는 아동문학상인 아스트리드 린드그렌상이 주어졌습니다.

옮긴이 **이미옥**

경북대학교 독어교육과를 졸업하고 독일 괴팅겐대학교와 경북대학교에서 독문학 석·박사 학위를 받았습니다. 지금은 〈초코북스〉라는 저작권 에이전시를 운영하며 번역가로 활동합니다.

옮긴 책으로 《죽으면 어떻게 돼요?》 등의 처음철학그림책 시리즈, 《괜찮아, 보이는 게 전부는 아니야》 《피카소는 어떤 화가일까?》《미로는 어떤 화가일까》《나는 나야, 그렇지?》 등 60여 권이 있습니다.

처음 철학 그림책

사랑

자꾸 마음이 끌린다면

페르닐라 스탈펠트 글 그림 | 이미옥 옮김

시금치

사랑을 하면
사이다를 마신 것처럼
찌릿할 때가 많아.

나비처럼 훨훨
날아갈 것도 같지.

어떨 땐 뱃속이
꽉 찬 것처럼
뿌듯하기도 해.

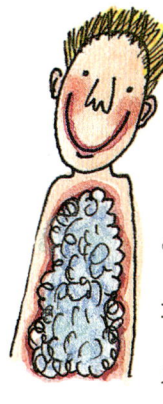

빨간 물감을 뒤집어쓴 것처럼
얼굴이 빨개질 때도 많아.

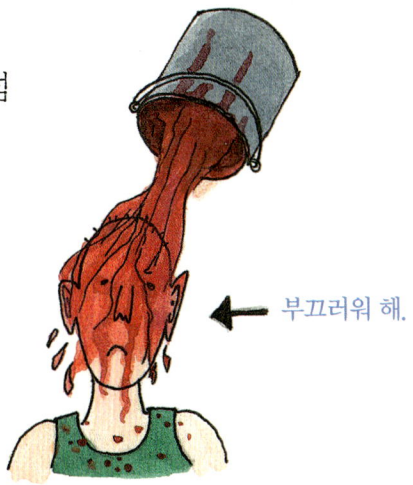

← 부끄러워 해.

누구나 사랑에 빠질 수 있어.

그러면 눈이 반짝반짝 빛나고 볼은 발그스레해지고 귀도 달아올라.

난 사랑에 빠졌어

꼭 꽃 같아지지.
꽃처럼 활짝 피어올라.

두근두근

에이쿠

사랑에 눈이 멀다. = 분홍빛에 휩싸여
허둥대고 비틀거리다.

개

누군가를 사랑하게 되면,

쪽!

부비부비

입맞춤을 하고 싶고

꼭 껴안아 보고 싶고

바로 옆으로 보내야 해!

저쩌고 이러쿵
어쩌고 저러쿵

같이 게임을 하고 싶고

단둘이 텔레비전을 보고 싶기도 해.

사랑이 쓸모없다고 말하는 사람도 있지.
하지만 사랑은 꼭 필요해.

엄마와 아기

사랑은 가끔 지겨워지기도 하지만

아주 짜릿할 때도 있어.

첫눈에 반하는 사랑도 있고
아주 오래 걸리는 사랑도 있어.

꽃을 사랑해서 날마다 물을 주며 가꾸는 사람도 있어.

안녕!

금붕어를 사랑하는 사람도 있고.

빌리
지기

물고기처럼 보이고 싶어 해.

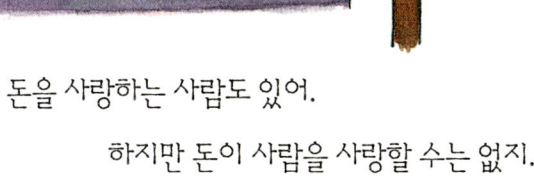

음. 돈 냄새는 좋아.
나는 돈을 사랑해.

돈을 사랑하는 사람도 있어.

하지만 돈이 사람을 사랑할 수는 없지.

현금 인출기

영화구경
갈래?

우리는 부모님을 사랑하기도 해.

부모님은 잔소리를 사랑이라고 할 때가 많지만.

하나님을 사랑할 수도 있어.

알라신이나

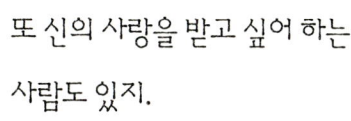

부처님을 사랑할 수도 있고.

또 신의 사랑을 받고 싶어 하는 사람도 있지.

사랑은 아주 쉬울 수도 있고 아주 어려울 수도 있어. 두 사람이 많이 다르면 정말 어렵지.

반대로 아주 비슷한 사람들이 사랑할 수도 있어.

스벤♡아르네

예를 들면 남자 둘이나 여자 둘이.

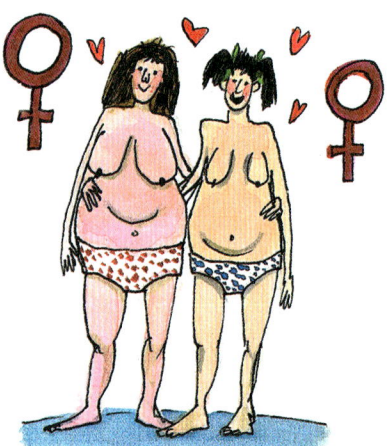

레나♡아스트리드

마음에 드는 누군가에겐 눈짓을 보내기도 해.

사랑해!

일로나 → 다니엘

1. 눈을 반짝
2. 감았다가
3. 다시 반짝

아주 아름답거나 좋아하는 것을 보여 주거나,

고양이

꽃

예쁜 조개껍데기

팔찌

반지

미국에 사는 삼촌

아름다운 곳

짹짹 째째잭   짹짹 째재잭잭

짝을 찾는 새처럼
사랑 노래를 불러 주기도 하고,

입맞춤해 줘~~
너를 사랑해
사랑하는 그대
입맞춤해 줘~~

아름다운 로라

조가 로라를 생각하며 노래하고 있어.

마음을 보여 주는 쪽지를 보내기도 해.

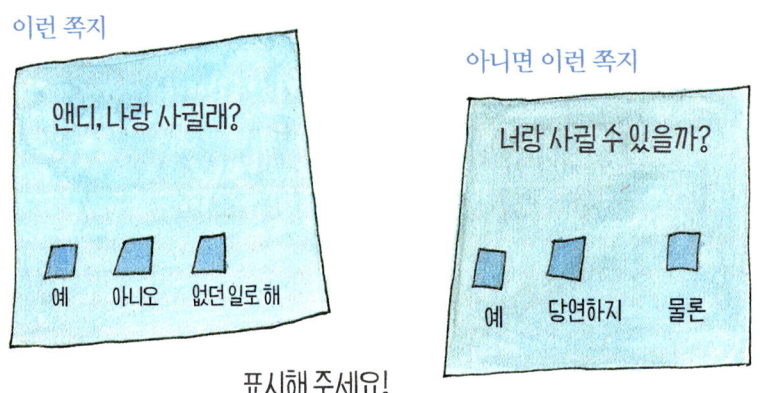

이런 쪽지

앤디, 나랑 사귈래?
예 아니오 없던 일로 해

아니면 이런 쪽지

너랑 사귈 수 있을까?
예 당연하지 물론

표시해 주세요!

사랑이 결혼으로 이어지기도 하지.

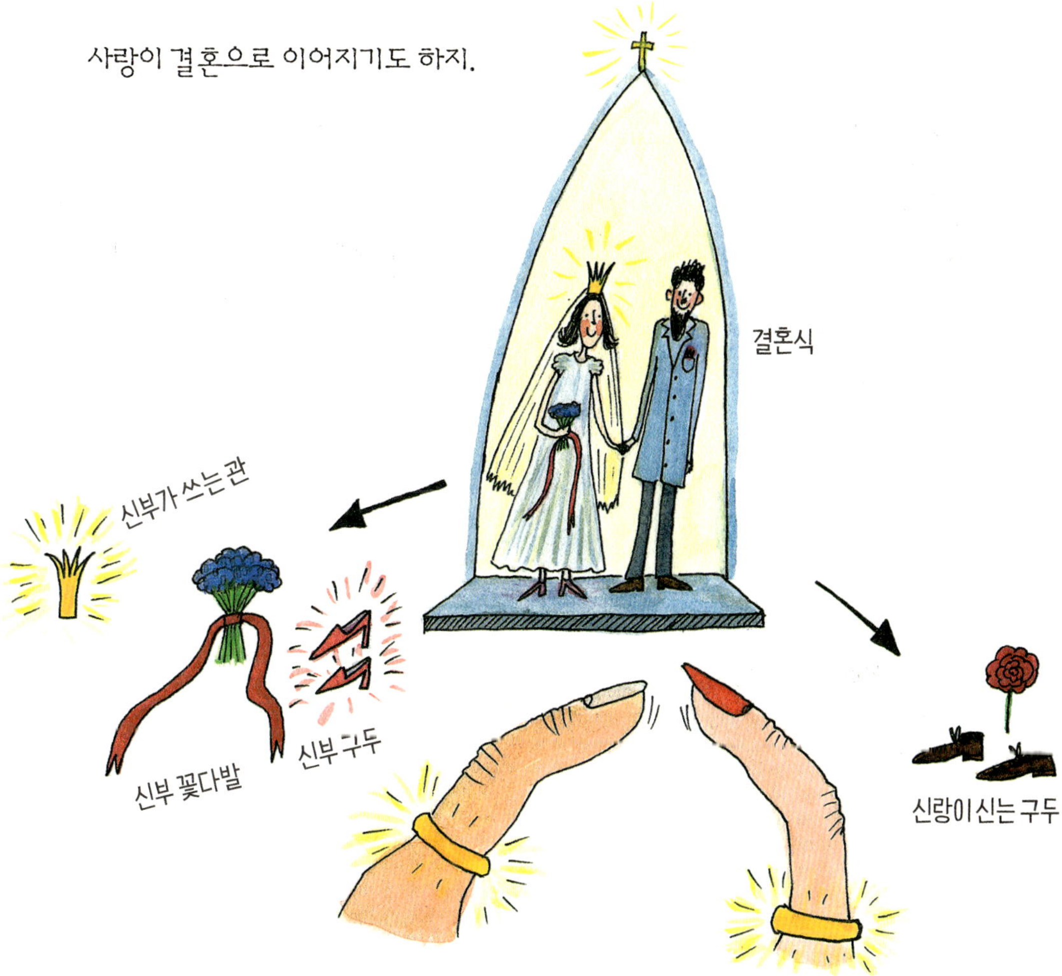

결혼식
신부가 쓰는 관
신부 꽃다발
신부 구두
신랑이 신는 구두

결혼하기 전에 반지를 나누어 끼고 약혼식을 올리거나,

문신을 새기는 사람들도 있어. 서로의 약속을 보여주는 거지.

리사
베티나

피요른

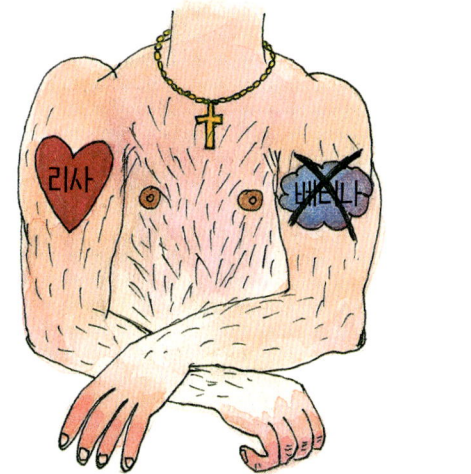

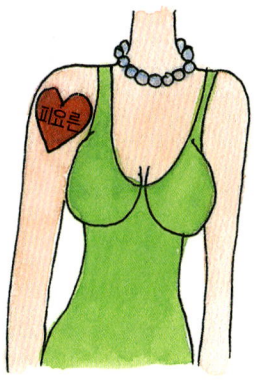

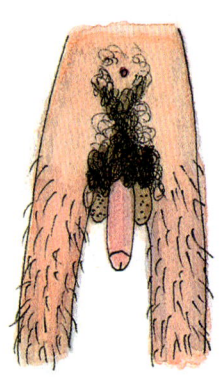
남자한테는 삐죽 나온 음경이 있어. 여자한테는 털이 난 음순이 있는데, 음순 안에는 구멍이 있어.

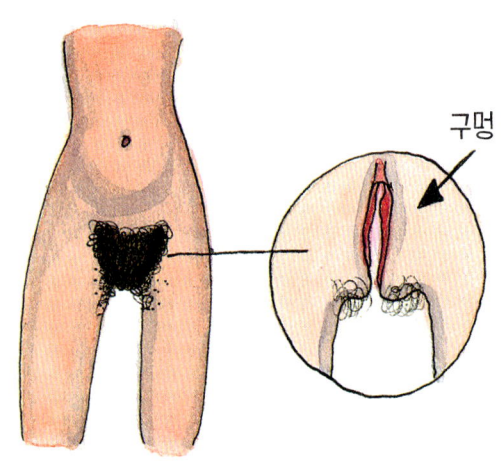

사랑에 빠지면 아기가 갖고 싶을 수도 있어.

남자의 음경이 여자의 구멍에 딱 들어가. 얼마 뒤에 음경이 구멍 안에서 하얀 액체를 뿜어내지. 이 액체를 정액이라고 해. 정액에 들어 있는 정자는 너무 작아서 맨눈으로는 볼 수가 없어. 이 정자들은 여자의 몸 속에 있는 난자에게 가려고 해.

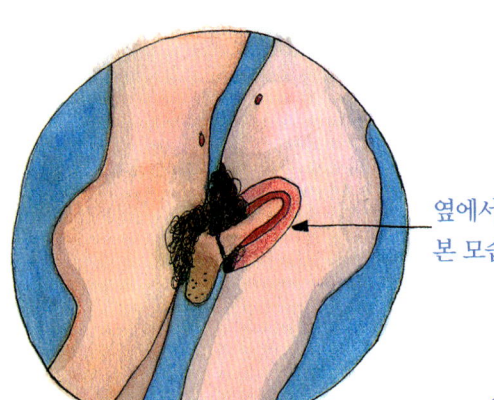

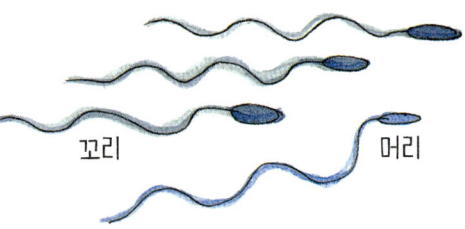

서로 먼저 난자에게 가려고 힘껏 헤엄쳐.

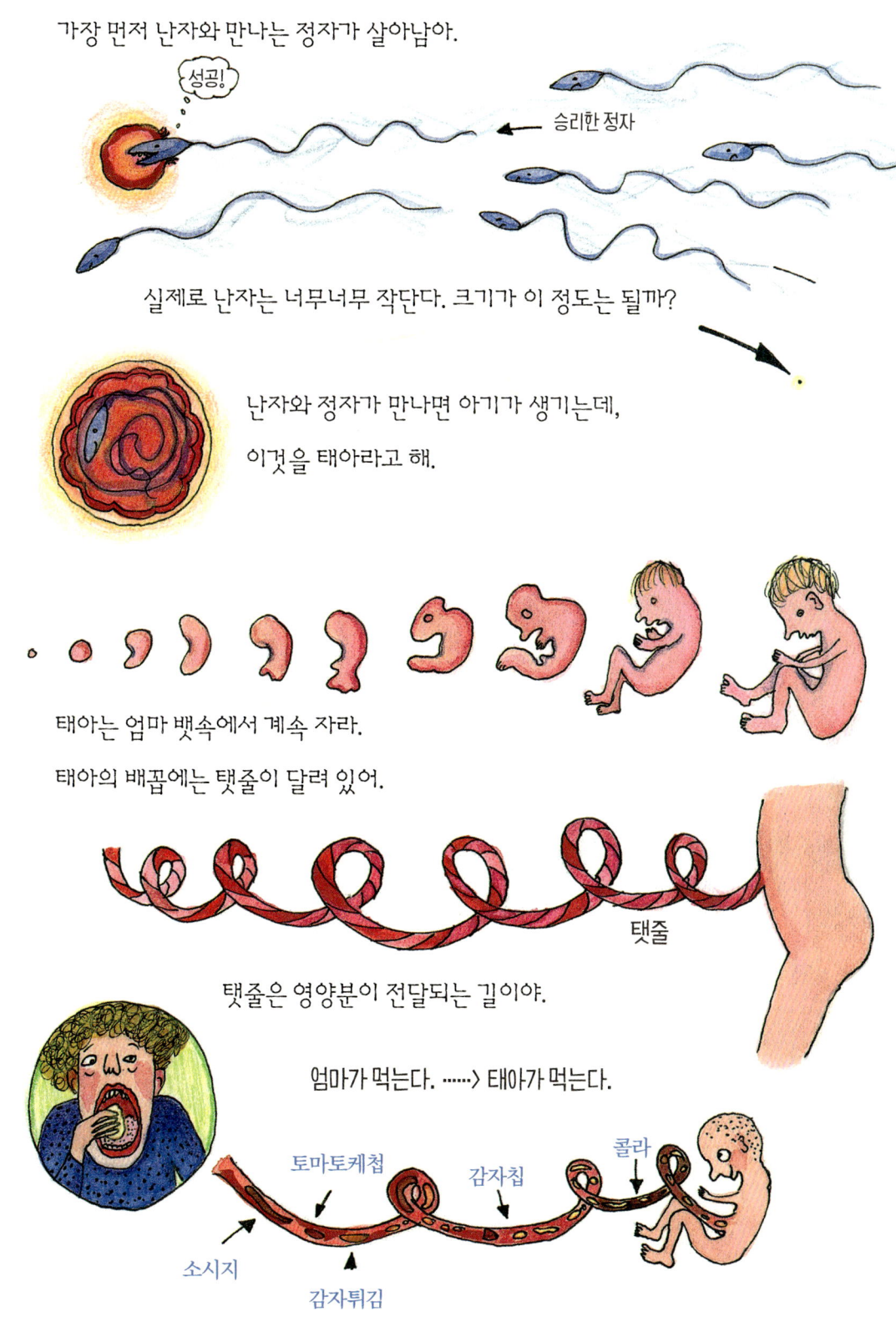

사랑에 빠지면 용감해지거나 겁이 많아질 수도 있어.

어떤 사람들은 사랑한다는 이유로 이상하게 행동할 때도 있지.

사랑하기 때문에 느끼는 슬픔도 있어.

사랑　　　　근심

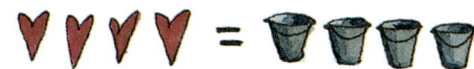

하트 네 개　　　　눈물 네 양동이

하트 두 개　눈물 두 양동이

사랑이 없으면 = 눈물 양동이도 없음

사랑하는 사람을 잃으면 특히 그렇지.

사랑한다고 말했는데 이런 대답이 돌아올 때도 있어.

너한테 반했어.

하하하

클라우디아　프레드

사랑하는 사람이 웃어 버리는 거야.

말은 웃지는 않지.

내 남자친구가 되어 줄래?

싫은데.

나디아

그러면 너무 창피하지.

아무한테도 사랑받지 못해서 우울할 때도 있어.

그럴 땐 누군가의 위로가 필요하지.

사랑을 너무 많이 받을 때도 있어.

사랑을 너무 많이 받은 클라우스 삼촌은 방에 가서 푹 쉬고 싶어 해. 몇 시간 동안은!

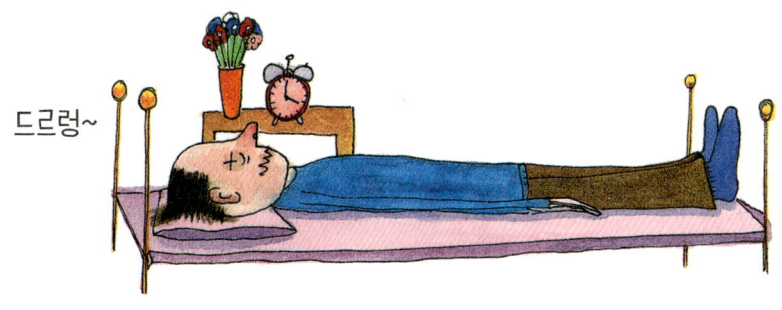

사랑은 선물 같아서

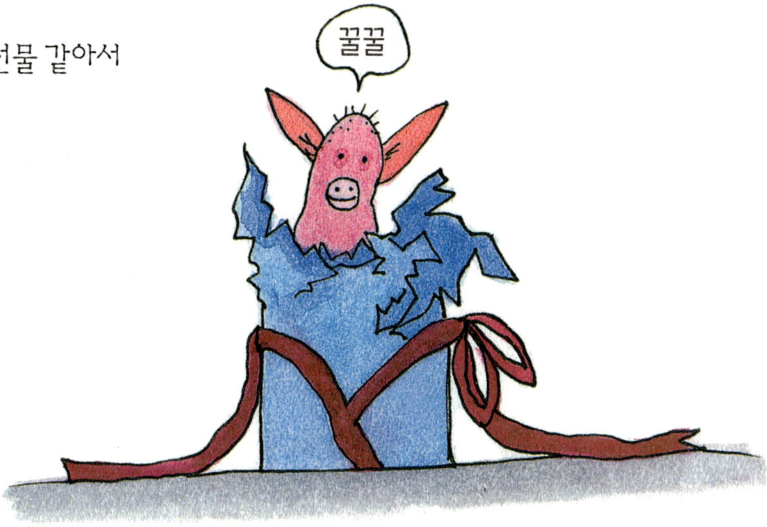

주려는 사람이 있으면 공짜로 받을 수 있어.

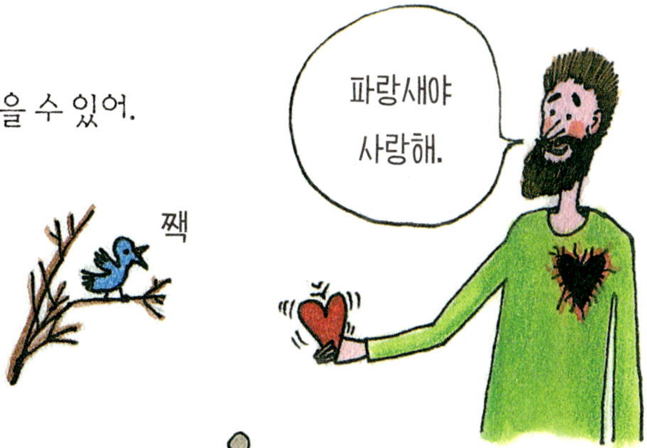

주는 사람은
돈이 들 때도 있지만.

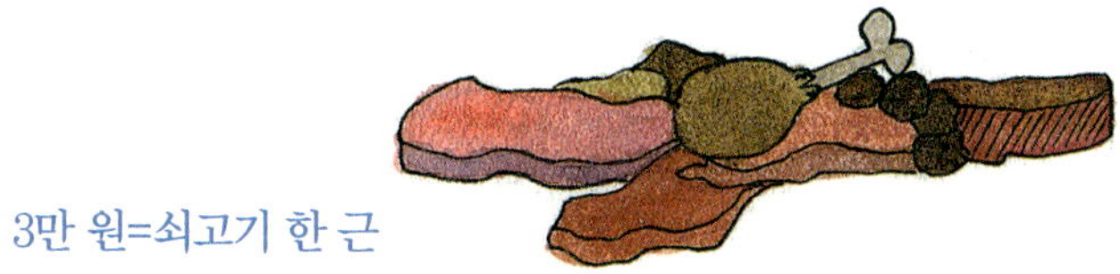

3만 원=쇠고기 한 근

5천 원=소시지 한 봉지

3천 원=치즈 한 조각

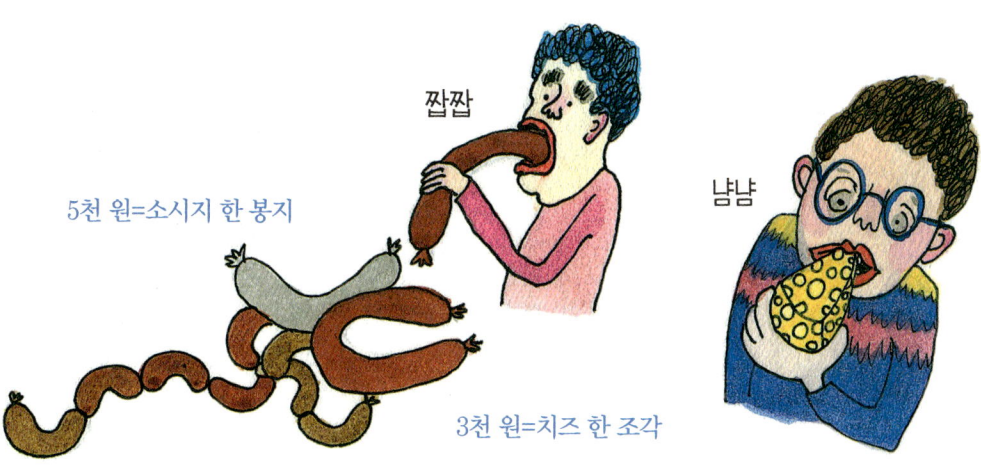

사랑을 담당하는 특별한 신도 있어.

이름은 큐피드고
통통한 아기 모습을 하고 있지.

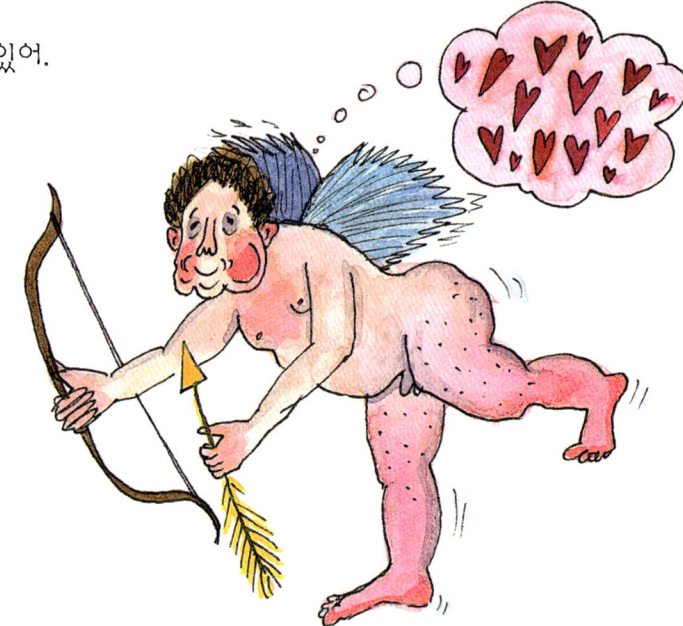

딸기 사탕 = 딸기 뽀뽀

큐피드는 사람들의 심장에 화살을 쏜단다.

금 화살

그러면 두 사람은 곧
사랑에 빠지지.

냄새를 맡으며 사랑을 느낄 수도 있어.

킁킁 킁킁킁킁 킁킁킁킁

감초나 기니피그를 좋아하는 사람들이 그렇지. (조심! 기니피그가 오줌을 쌀 수도 있음.)

사랑하는 사람에게는 여러 가지 애칭을 붙여 주고,

야콥 = 야켈, 야기, 야유, 요미, 푸미, 요요

무언가를 주고 싶기도 해.

그런 것이 사랑의 선물이지.

튤립

나사 돌리개

초콜릿

자전거 펌프

진주 목걸이

크리스마스 트리

목캔디

목도리

사랑을 나타내는 색깔도 있어.

피와 장미의 색깔인 빨강,

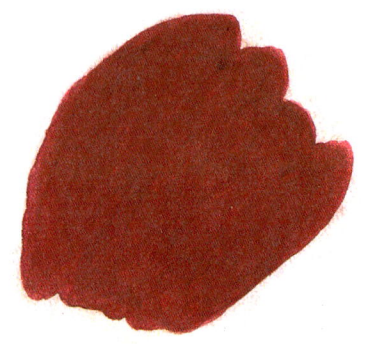
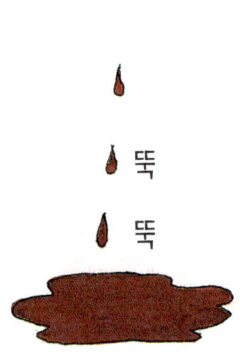

그리고 아기 돼지의 분홍색!

편지에 빨간 하트 무늬를 그려서

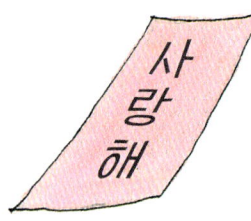

사랑하는 사람에게 보내기도 해.

연애편지

향수나 악취 제거제 냄새가 날수도 있어.

사랑이라는 말은 모든 언어에 있어.

영어   독일어   프랑스어   스웨덴어   외계어

사랑이 이루어진다는 신비한 약도 있어.

 사랑의 묘약 만드는 법

보름달이 뜬 밤에 나무 밑으로 간다.

빨간 사과 하나를 가져와 꽉 눌러 즙을 짠다. ➡ 5방울

레몬 하나를 가져와 꽉 눌러 즙을 짠다. ➡ 10방울

호수에서 물을 떠온다. ➡ 7방울

달빛을 모은다. ➡ 한 웅큼

장미 꽃잎을 가져온다. ➡ 5장

로즈메리를 가져온다. ➡ 한 줌

박쥐의 피를 가져온다.
(없으면 간장을 써도 됨.) ➡ 3방울

개미를 잡아온다. ➡ 한 마리

 이 모든 것을 섞으면서 네가 아는 가장 아름다운 노래를 불러. 그러고 나서 네가 갖고 있는 가장 예쁜 잔에 붓는 거야.
이 잔을 땅바닥에 내려놓고 솔방울이나 나뭇가지로 좋아하는 사람의 이름을 써.
그러고는 그 사람에게 이 잔을 건네는 거지.
(주의: 효과는 장담할 수 없음!)

처음 철학 그림책 〈사랑〉 | 자꾸 마음이 끌린다면

초판 1쇄 발행 2016년 9월 15일
초판 3쇄 발행 2022년 1월 31일
지은이 페르닐라 스탈펠트 | 옮긴이 이미옥
펴낸이 송영민 | 디자인 달뜸창작실 | 교정 교열 우순교
펴낸곳 시금치 | 주소 서울시 마포구 잔다리로7길 18, 502호 | 전화 02-725-9401 | 팩시밀리 02-725-9403
전자우편 7259401@naver.com | 홈페이지 blog.daum.net/greenbook |
페이스북 www.facebook.com/spinagebook
출판등록: 2002년 8월 5일 제300-2002-164호
ISBN 978-89-92371-41-4 74100
　　　978-89-92371-22-3(세트)74100

Kärleksboken by Pernilla Stalfelt ⓒ 2001 Pernilla Stalfelt, first published by Rabén & Sjögren, Sweden, in 2001.
Korean Translation Copyright © 2016 by Green Spinach Publishing All rights reserved.
The Korean language edition is published by arrangement with Rabén&Sjögren Agency, Sweden through MOMO Agency, Seoul.

이 책의 한국어판 저작권은 모모 에이전시를 통해 Rabén & Sjögren Agency 사와의 독점 계약으로 도서출판 시금치에 있습니다.
저작권법에 의해 한국 내에서 보호를 받는 저작물이므로 무단전재와 무단복제를 금합니다.
「이 도서의 국립중앙도서관 출판시도서목록(CIP)은 서지정보유통지원시스템 홈페이지(http://seoji.nl.go.kr)와
국가자료공동목록시스템(http://www.nl.go.kr/kolisnet)에서 이용하실 수 있습니다.(CIP제어번호: CIP2016016209)」

값은 뒤표지에 있습니다.